Hamad Bin Khalifa University Press
P O Box 5825
Doha, Qatar

www.hbkupress.com

Publié en langue Arabe par Hamad Bin Khalifa University Press, 2017.

Première édition en langue francaise 2023

Hamad Bin Khalifa University Press

ISBN: 9789927151989

Imprimé au Doha-Qatar

Qatar National Library Cataloging-in-Publication (CIP)

Yehia, Ghenwa, author.

[A recipe for home]. French

La recette de mon pays /auteure Ghenwa Yehia ; illustration by Inna Ogando ; traduit par Christine El Rayess. First French edition. – Doha, Qatar : Hamad Bin Khalifa University Press, 2023.

28 pages : color illustrations ; 24 cm

ISBN 978-992-715-198-9
Translation of: A recipe for home.

1. Cooking -- Juvenile stories. 2. Formulas, recipes, etc. -- Juvenile stories. 3. Children's stories, English -- Translations into French. 4. Picture books. I. Ogando, Inna, illustrator. II. El Rayess, Christine, translator. III. Title.

PZ7.1 .Y3714 2023
823.8 – dc 23 202328655552

La recette de mon pays

Auteure: Ghenwa Yehia

Illustration: Inna Ogando

Traduit par Christine El Rayess

دار جامعة حمد بن خليفة للنشر
HAMAD BIN KHALIFA UNIVERSITY PRESS

Un jour, Layan et ses amies rentraient à pied de l'école, quand soudain son estomac a commencé à gargouiller à la vue des grosses dattes charnues qui pendaient aux dattiers.

“J'ai très faim!” s'exclama Layan.

Ses amis hochèrent la tête en signe d’approbation.

“J'ai une excellente idée, dit-elle. Faisons un pique-nique, un repas à la bonne franquette. Chacune d’entre nous apportera son plat préféré fait maison, et nous pourrons tout partager. Ce sera un festin!”

تقلَّصَ البالونُ الرماديُّ، لكنَّه ظلَّ يهتزُّ مُهدِّدًا ياسمينَ كلَّما حاولتِ الرسمَ منْ جديدٍ.

غَيْرَ أنَّ بالونَ الثقةِ بالنفسِ دعَّمها، وصارَ يكبرُ شيئًا فشيئًا.

ومعَ مرورِ الوقتِ، أصبحتْ رسومُها بديعةً ومُتقنةً. وكانَ شعورُها بالرضا عنْ نفسِها يزدادُ كلَّما سمعتْ عباراتِ الإعجابِ منْ جدَّتِها ووالديْها ورفاقِ المدرسةِ.

وتعلَّمتْ أنْ تتنفَّسَ بعمقٍ كلَّما شعرتْ بتضخُّمِ بالونِ القلقِ، وأنْ تتجاهلَ التعليقاتِ السلبيةَ والكلامَ الساخرَ والمُزعجَ.

Le visage de
Joanna s'éclaira
à la mention de la
nourriture.
"Je peux apporter
du poisson-frites!"
cria-t-elle.

"Ma mère prend le poisson le plus fin et le plus glissant et le passe dans une panure à l'anglaise bien collante.

Je le plonge dans la casserole d'huile bouillante, mais je dois reculer très vite pour éviter les éclaboussures. Quand on sort le poisson de l'huile, il est doré et croustillant."

"Eh bien, avez-vous déjà gouté le poisson cru ?" Haruko intervint.

"Mon père en fait du *sushi*. Le *sushi* est un rouleau fait avec une feuille d'algue garni de riz vinaigré, de légumes et de poisson cru.

Mon père est responsable de découper les légumes et le poisson en tranches fines.

Et moi je pose les feuilles d'algues sur la natte de bambou pour former des petits rouleaux que je garnis de riz, de légumes et de poissons."

"Ça a l'air vraiment génial!" dit Gia.

"Ma mémé est actuellement en visite chez nous. Je verrai si elle peut nous préparer ses traditionnels spaghettis à la bolognaise.

Ma mémé et moi préparons les pâtes fraîches en mélangeant la farine et les œufs. Puis on pétrit la pâte en la battant, l'étirant et la repliant jusqu'à ce qu'elle soit bien lisse.

Ensuite, mémé découpe la pâte en longues cordes fines qu'elle plonge dans une casserole d'eau bouillante.

Quand les spaghettis sont à point, mémé les égoutte avant de les verser dans une assiette et d'y ajouter une bonne louche de sauce tomate bien rouge et des boulettes de viande, juteuses et parfumées."

"Hum!" pensa Layan à haute voix.

"Je pourrais apporter les biscuits à l'avoine et aux pépites de chocolat de ma grand-mère Jo. Quand je suis allée lui rendre visite pendant les vacances d'hiver, ma grand-mère Jo m'a appris la recette.

Du beurre, du sucre, de la farine, des œufs, de l'avoine et des pépites de chocolat. Grand-mère me laissait mélanger la pâte, qui était assez dure. Mais une fois sortis du four, les biscuits étaient chauds, moelleux et délicieux."

"Ou bien…"continua-t-elle," je pourrais apporter du *taboulé*.

En été, mamie Sousou et moi en préparions tous les jours pour le déjeuner. Nous allions cueillir le persil, les tomates, la menthe fraîche et les oignons verts dans le potager de mamie, situé dans l'arrière-cour de la maison.

Ensuite, mamie hachait le persil, découpait les tomates et les mélangeait avec du blé concassé qu'on appelle *burghoul*.

Pour la sauce acidulée, je pressais du citron, j'ajoutais un peu d'huile d'olive, une pincée de sel et de poivre, et le *taboulé* était prêt à déguster."

"Il me semble que c'est beaucoup de travail," interrompit Joanna.

"Eh bien, je suppose que je pourrais simplement demander à maman et papa de préparer du *machbous* pour le pique-nique," répondit Layan.

"C'est quoi le *machbous*?" demanda Haruko.

"C'est un plat à base de riz aromatisé et de viande tendre et juteuse avec un mélange d'épices caractéristique du *machbous*.

On est censés le manger avec seulement trois doigts de la main droite," dit Layan.

"Ma famille et moi mangeons toujours du *machbous* les vendredis au restaurant à côté de chez nous."

"C'est génial!" dit Gia.

À ce moment-là, les amies se sont séparées et ont convenu de se retrouver au parc à dix-sept heures.

Quand Layan est arrivée chez elle, elle a expliqué à sa maman que ses amies avaient facilement décidé quel plat spécial apporter au pique-nique.

Chacune apporterait un plat qu'elle aurait préparé avec quelqu'un qu'elle aime, et c'était quelque chose qui lui faisait se sentir chez elle.

“Pour moi, le chez-soi signifie plein de choses,” expliqua Layan.

… L'aventure de préparer le *tabboulé* avec mamie Sousou…

"Partager des biscuits avec grand-mère Joe quand il fait froid et qu'il neige dehors…

… et aller au restaurant les vendredis soir avec mes frères, tout cela me fait sentir comme au pays."

"Il me paraît que le choix n'est pas facile" compatit la maman de Layan.

"Eh bien, je pense," dit la mère de Layan, "que la patrie n'est ni un endroit, ni un plat, ni un pays ; ce sont ces choses qui représentent la patrie."

"Certainement!" s'écria Layan.

"Comment puis-je choisir un seul plat spécial à apporter au pique-nique alors que tous ces plats me rappellent la maison, le chez-moi et les gens que j'aime?"

"La patrie est un sentiment.

Et où que vous soyez entourés de personnes que vous aimez, faisant quelque chose que vous aimez, alors vous vous sentirez chez vous."

"Eh bien, je veux partager un plat spécial des lieux où l'on se sent l'air du pays!" dit Layan avec enthousiasme.

Disant cela, elle s'est mise à hacher et mélanger, fouetter et verser, bouillir et cuire.

Vers dix-sept heures, Layan et ses amies avaient chacune apporté un plat qui représente leur pays pour se le partager au pique-nique.

دار جامعة حمد بن خليفة للنشر
صندوق بريد 5825
الدوحة، دولة قطر

www.hbkupress.com

الطبعة العربية الأولى عام 2023

الترقيم الدولي: 9789927164286

تمت الطباعة في الدوحة-قطر.

مكتبة قطر الوطنية بيانات الفهرسة – أثناء – النشر (فان)

عمورة، بلسم، مؤلف.

بالون القلق / تأليف بلسم عمورة ؛ رسوم نيكوس ينابولس. الطبعة العربية الأولى. - الدوحة، دولة قطر : دار جامعة حمد بن خليفة للنشر، 2023.

28 صفحة : إيضاحيات ملونة ؛ 24 سم

تدمك: 978-992-716-428-6

1. قصص الأطفال العربية. 3. الكتب المصورة. أ. ينابولس، نيكوس، رسام. ب. العنوان.

PZ10.731 .A48 2023

892.737 – dc23

20232865187x

بالونُ القلقِ

تأليف: بلسم عمورة

رسوم: نيكوس ينابولس

دار جامعة حمد بن خليفة للنشر
HAMAD BIN KHALIFA UNIVERSITY PRESS

ياسمينُ طفلةٌ لطيفةٌ ورقيقةٌ، ورسَّامةٌ موهوبةٌ. تعيشُ معَ والدَيْها وجدَّتِها في بيتٍ جميلٍ.

تحبُّ ياسمينُ اللعبَ، وتنشغلُ بالنشاطاتِ كسائرِ الأطفالِ، وتجتهدُ في دروسِها،
وتُبادِلُ أصدقاءَها وعائلتَها الحبَّ والعطاءَ.

عالمُ ياسمينَ تُزيِّنُه بالوناتٌ متنوِّعةُ الألوانِ والأشكالِ. تكبرُ البالوناتُ وتتمايلُ وتعلو بخفةٍ
كلَّما نظَّمتْ ياسمينُ وقتَها، ووازنتْ بينَ أوقاتِ الدراسةِ وأوقاتِ التسليةِ، وهو ما يُشعرُها بالسعادةِ.

منذُ مدةٍ، بدأتْ ياسمينُ تشعرُ بوجودِ مشكلةٍ صغيرةٍ لديْها.

ومعَ مرورِ الوقتِ، صارتِ المشكلةُ تكبرُ! إذ بدَأَ أحدُ البالوناتِ ينتفخُ حتَّى صارَ هوَ الأكبرَ!

لمحتْهُ ياسمينُ، حينَ كانَ صغيراً، ولمْ تكنْ تهتمُّ بوجودِهِ.

لكنَّهُ أزعجَها عندَما لاحظتْ أنَّ حجمَهُ يكبرُ كلَّما شعرتْ بالخوفِ أو القلقِ.

فعرفتْ أنَّه **بالونُ القلقِ!**

ولكنْ ما الذي يُقلِقُ ياسمينَ؟

تَقلقُ ياسمينُ حينَ تقولُ لنفسِها: «سيسخرونَ منْ تسريحةِ شعرِي الجديدةِ!»

وتَقلقُ كلَّما شكَّتْ في قدرتِها على الرسمِ، وكلَّما تشاجرَتْ معَ صديقتِها المقرَّبةِ.

وتَقلقُ منَ العتمةِ، ومنْ صعوبةِ الأسئلةِ في الاختبارِ.

وتَقلقُ إذا مرضَتْ جدَّتُها، أو إذا تعرَّضتْ للتنمرِ في المدرسةِ، أو أَنَّبها والداها لسببٍ ما!

وكلَّما يزادَ قلقُها، يكبرُ **بالونُ القلقِ** الرماديُّ وينتفخُ أكثرَ.

صارَ البالونُ الرماديُّ يُزعجُها كثيرًا! بلْ صارَ يُسبِّبُ لها ألمًا في بطنِها، ويزيدُ منْ دقاتِ قلبِها.

وكانَ وجودُه يُغضِبُها ويُبكيها مراتٍ، ويجعلُها ترى أحلامًا مزعجةً مراتٍ أخرى.

وبسببِهِ، قلَّتْ رغبتُها في الذهابِ إلى المدرسةِ، ورغبتُها في الرسمِ والتلوينِ أيضًا.

صارَ **بالونُ القلقِ** عبئًا ثقيلًا على صدرِها.

أخذَ البالونُ الرماديُّ يرافقُ ياسمينَ أينَما كانتْ؛ في البيتِ والمدرسةِ وحتى في النزهاتِ العائليةِ، لذلكَ صارتْ تراقبُهُ طوالَ الوقتِ، بدلَ أنْ تتسلَّى وتمرحَ. وفقدتْ اهتمامَها ببالوناتِها الملوَّنةِ الأخرى.

وذاتَ يومٍ، لجأتْ ياسمينُ إلى جدَّتِها، وشكتْ لها بحزنٍ قائلةً: «لديَّ بالونٌ رماديُّ اللَّونِ يا جدَّتي، كبيرُ الحجمِ، ثقيلُ الوزنِ، يُلازمُني أينَما ذهبْتُ».

وأضافتْ: «إنَّهُ يُضايقُني كثيراً، ولا أدري كيفَ أتخلَّصُ منْهُ!»

أنصتتِ الجدَّةُ إلى حفيدتِها جيدًا، ثمَّ قالتْ بهدوءٍ: «ياسمينَتي الحلوةَ، سأكشِفُ لكِ سرًّا. أنا مثلُكِ تمامًا، كانَ لديَّ بالونٌ رماديٌّ كبيرٌ مزعِجٌ!»

وأخبرتْها جدَّتُها أنَّ بالونَها الرماديَّ كانَ يَطردُ النومَ منْ عينيْها، ويجلبُ لها الأحلامَ المزعِجةَ.

ارتاحتْ ياسمينُ قليلًا حينَ أيقنتْ أنَّ القلقَ لا يلازمُها وحدَها، بلْ يُصيبُ الكبارَ والصغارَ معًا.

مسحتِ الجدَّةُ دموعَ صغيرتِها بلطفٍ، وقالتْ: «اطمئنِّي... لكلِّ مشكلةٍ حلٌّ».

سألتْها ياسمينُ بتعجبٍ: «وهلْ حلُّها سهلٌ؟»

أجابتِ الجدَّةُ: «قدْ لا يكونُ سهلًا جدًّا، لكنَّني معَ والديْكِ سنكونُ إلى جانبِكِ».

وأخبرتْها الجدَّةُ أنَّ القلقَ البسيطَ شعورٌ طبيعيٌّ. ولكنْ حينَ يتضخَّمُ بالونُ القلقِ لا بدَّ منَ التركيزِ على البالوناتِ الملوَّنةِ والمُبهجةِ، لأنَّها تساعدُنا في التغلُّبِ على بالونِ القلقِ.

عندئذٍ فكَّرتْ ياسمينُ في العودةِ إلى الرسمِ وركوبِ الدرَّاجةِ واللَّعبِ معَ الأصدقاءِ كما كانتْ تفعلُ في السابقِ.

ابتسمتِ الجدَّةُ وهمسَتْ: «إنَّ بالوناتِي الملوَّنةَ جعلتْ بالوني الرماديَّ يتقلَّصُ ويَصغُرُ».

بادلَتْها ياسمينُ الابتسامةَ، وسألَتْها: «ماذا فعلتِ كيْ أفعلَ مثلَكِ؟»

قالتْ: «توكلتُ على اللهِ، ولجأتُ إلى الدعاءِ، والصلاةِ، وفعلِ الخيرِ، والعطاءِ. وانشغلتُ بهواياتِي، كالطبخِ والحياكةِ والتطريزِ، واستعنتُ بصديقاتِي للتخفيفِ منْ قلقِي».

في اليومِ التالي، شعرتْ ياسمينُ ببعضِ الراحةِ والاطمئنانِ عندَ استيقاظِها.

التفتتْ إلى أقلامِها الملوَّنةِ وأوراقِها المهملةِ في ركنِ الغرفةِ، وتذكَّرتْ حديثَ جدَّتِها، فتشجَّعتْ، وأخذتْ ترسمُ بسرعةٍ كيْ تُبعِدَ عنْها بالونَ القلقِ.

ولـمَّا أنهتِ الرسمَ، أمعنتِ النظرَ فيما رسمتْ، ووجدتْ أنَّها رسمتِ البالونَ الرماديَّ!

عندئذٍ كوَّرتْ ياسمينُ الورقةَ، وقذفَتْها في سلَّةِ المهملاتِ، ثمَّ هتفتْ فرِحةً: «**لقدْ فعلتُهاااا...**

ما زلتُ قادرةً على الرسمِ!»

لاحظتْ ياسمينُ أنَّ تسريحةَ شعرِها صارتْ تُعجبُها، وأنَّ قلقَها منَ الاختبارِ صارَ محدودًا جدًّا، وأنَّ مخاوفَها الأخرى أخذتْ تزولُ تدريجيًّا.

وهكذا صمَّمتْ ياسمينُ، بتشجيعٍ منْ عائلتِها، على عرضِ إحدى لوحاتِها المفضَّلةِ عبَرَ وسائلِ التواصلِ الاجتماعيِّ. وأرادتْ بذلكَ أن تختبِـرَ قدرتَها على التغلُّبِ على **بالونِ القلقِ**.

ظلَّتْ ياسمينُ قلِقةً تراقبُ شاشةَ هاتفِها، وتقرأُ التعليقاتِ الإيجابيةَ والسلبيةَ على السواءِ.

احتدمتِ المعركةُ بينَ بالونِ القلقِ وبالونِ الثقةِ بالنفسِ، فشعرَ الأولُ بالانتعاشِ حينَ قرأتْ ياسمينُ في التعليقاتِ: «رسمُكِ يفتقِرُ إلى الإبداعِ».

ومعَ أنَّ بالونَ الثقةِ بالنفسِ كانَ قدِ انتفخَ وأخذَ يلمعُ، لأنَّ أكثرَ التعليقاتِ شجَّعتْها على عرضِ المزيدِ منْ أعمالِها، وعلى المشاركةِ في معرضِ المدرسةِ؛ فإنَّ بالونَ القلقِ ظلَّ حاضرًا.

بكتْ ياسمينُ واحمرَّ وجهُها غضبًا، وعاودَها شعورُ القلقِ، لكنَّها فكَّرتْ ببالوناتِها الملوَّنةِ الرائعةِ، وبفخرِ والديْها وجدَّتِها بها، وبتشجيعِ رفاقِها ومعلمِيها.

بدأتْ ياسمينُ برسمِ لوحةٍ أجملَ منْ سابقاتِها؛ فالإبداعُ يُولدُ منْ قلبِ الصِّعابِ، وعلى قَدْرِ التحدِّي تعظمُ المكافأةُ.